22 Cultu
Entretien
Jérusalem
Correspondant
pourrait proposer un accord int
Palestiniens
En T
est a
jeu
l'aff
L'arresta
une vagu
Istanbul
Laurent Zecchini
su éviter la divisi

Anne-Catherine Bley

gaspacho

Photographies de Charlotte Lascève
Stylisme d'Élodie Rambaud

LES PETITS PLATS
MARABOUT
ORIGINAUX & AUTHENTIQUES
DEPUIS L'AN 2000

CARNET PRATIQUE

GASPACHOS

GASPACHOS EXPRESS

SOUPES FROIDES

GASPACHOS SUCRÉS

LE GASPACHO

GASPACHO OU SOUPE FROIDE ?

Le gaspacho vient d'Andalousie, du sud de l'Espagne, du soleil et de la chaleur. Cette soupe du pauvre à l'origine - du pain trempé de tomate, d'ail et d'huile d'olive - nous a conquis. À tel point que le mot « gaspacho » est quasiment devenu un terme général pour parler d'une soupe froide.
Plus précisément, il désigne une soupe froide réalisée avec des légumes crus sur une base de tomate, concombre, poivron, ail et huile d'olive. Sur cette base, les variations sont nombreuses, d'autres légumes d'été, ou même des fruits, peuvent entrer dans la composition d'un gaspacho.
Les autres soupes froides peuvent être aussi réalisées avec des légumes crus (concombre, pastèque) mais, plus souvent, elles sont d'abord cuites avant d'être rafraîchies.
Enfin, certains gaspachos simplissimes sont ici dits « express », tant leur réalisation est sommaire : on mixe et c'est tout !

USTENSILES

Ces précisions étant données, lancez-vous dans la préparation de ces délicieuses soupes d'été. Pour cela, il faut :

UNE PLANCHE ET UN BON COUTEAU

Les basiques, indispensables !

UN MIXEUR PLONGEANT OU UN BLENDER

Tout aussi indispensable, pour obtenir un gaspacho d'une belle souplesse. Sa texture (gaspacho plus ou moins mixé) dépend du goût de chacun. Un gaspacho un peu épais, gardant encore le croquant des petits morceaux de concombre ou de poivron, sera mixé « grossièrement » (néanmoins éviter les gros morceaux, notamment d'ail ou d'oignon). Pour un gaspacho plus lisse, il suffit de mixer la préparation un peu plus longtemps. Pas de règle ou de tradition en la matière !

UNE CASSEROLE

Pour les soupes froides demandant une cuisson, une bonne casserole s'impose. Et s'il faut prévoir de les faire cuire suffisamment à l'avance pour qu'elles finissent bien fraîches, cela en vaut vraiment la peine !

CONSEILS ET ASTUCES

LES JUS TOUT PRÊTS

Pour certaines recettes, dites « express », il y a la possibilité d'utiliser des jus de légumes du commerce, mais le résultat sera plus « jus » que « soupes » !

RÉFRIGÉRATION

Le temps de préparation n'est jamais très long mais il faut toujours prévoir 1 heure de réfrigération au minimum pour que ces soupes froides le soient vraiment. Et juste avant de les servir, il est souvent utile de les mélanger de nouveau à l'aide d'un mixeur plongeant ou d'un fouet pour que la préparation retrouve son homogénéité.

CONGÉLATION

Les soupes de légumes crus se congèlent mal car l'eau contenue dans les légumes se sépare de la partie solide du légume et le résultat est visuellement très décevant. Cependant, les soupes qui ont été cuites et très mixées se congèlent très bien.

LÉGUMES

TOMATE

Difficile d'imaginer un gaspacho sans tomates, alors autant en choisir des bonnes ! Les variétés proposées sont de plus en plus nombreuses et appétissantes. Il faut choisir les tomates bien mûres, presque éclatées, et tant mieux si leur rouge est aussi jaune, orange et vert !

Les tomates de plein champ peuvent parfois avoir la peau un peu épaisse. Dans ce cas, il vaut mieux les éplucher : à l'aide d'une fourchette, piquer la tomate et la plonger dans une casserole d'eau bouillante pendant 30 secondes, puis la peler aussitôt.

En revanche, par pitié pour votre gaspacho, préférer une boîte de tomates pelées aux tomates hors sol, fades et insipides. Elles viennent du Sud et ont été cueillies à maturité !

CONCOMBRE

Il doit être bien ferme, mais sa taille ou sa grosseur n'ont pas une grande importance. Il est préférable de ne pas l'éplucher car la couleur verte est importante pour la recette. Le laver avec le grattoir d'une éponge. Si la peau est très épaisse, éplucher une bande sur deux avec un épluche-légumes. Garder les graines qui apportent de l'eau à la préparation ; mixées, elles ne sont plus indigestes.

POIVRON

Le choix du poivron est plus une affaire de couleurs que de goût. Jaunes, rouges ou verts, leur saveur est assez identique. Si l'on peut dire que le rouge et le jaune sont légèrement plus sucrés, cette nuance sera peu perceptible au sein des autres ingrédients. De même, ni les uns ni les autres ne sont piquants. Ne pas hésiter, donc, à privilégier la couleur !

Bien les laver et ôter soigneusement toutes les parties blanches et les petites graines à l'intérieur.

OIGNON

En été, c'est souvent l'oignon nouveau qui parfume les soupes froides. Frais et croquant, il s'utilise cru très facilement. Cependant, l'oignon rouge, assez doux, est aussi très bien, de même que l'oignon classique si on le choisit petit.

COURGETTE

Comme le concombre, il faut la choisir bien ferme. Ne pas l'éplucher mais bien la laver en grattant la peau. Cuite ou crue, elle donne des soupes délicieuses !

ÉPINARDS ET PETITS POIS

En été, profiter des épinards et des petits pois frais même si cela demande un peu plus de temps de préparation ! Surgelés, ils sont bons aussi, et prêts à cuire en quelques minutes !

HERBES & ASSAISONNEMENT

AIL

Indispensable ! Pour l'éplucher facilement, le plonger pendant 30 secondes dans un verre d'eau chaude. Dans les gaspachos, l'ail est cru, il faut donc impérativement ôter le germe de chaque gousse car c'est ce qui le rend indigeste.

THYM

Le thym se marie toujours bien avec les légumes d'été et avec la tomate. Les fleurs de thym sont encore mieux !

CORIANDRE, BASILIC, CIBOULETTE, MENTHE

Très parfumées, ces herbes s'ajoutent à la fin de la préparation, sans être mixées. Elles y apportent alors pleinement leur saveur. Si les herbes ne sont plus tout à fait fraîches et penchent un peu la tête, les plonger 10 minutes dans l'eau chaude, mais pas brûlante, puis les essorer et les placer au réfrigérateur pendant 15 minutes. Elles seront comme neuves !

ANETH

Son petit goût anisé se marie très bien avec le concombre.

CITRON

Qu'il soit vert ou jaune, son jus apporte la petite touche acide qui convient à la recette. De plus, ses zestes offrent un soupçon d'amertume et un plaisir pour les yeux.

HUILE D'OLIVE

Ne pas lésiner sur la qualité, elle se ressent énormément dans les préparations crues.

VINAIGRE

Dans le gaspacho traditionnel, on utilise du vinaigre de vin classique. Pour changer, prendre un vinaigre plus marqué, comme le vinaigre de xérès ou le vinaigre balsamique.

LE TABASCO ET LE PIMENT D'ESPELETTE

À utiliser avec modération dans les soupes qui ne sont pas « piquantes », mais une petite touche relève formidablement la préparation.

À PARSEMER SUR LE GASPACHO

Tout un tas de petites choses à lui ajouter au moment de servir.

PAIN, CROÛTONS, CRACKERS, GRESSINS…

Tout ce qui craque et croustille est le bienvenu.

PETITS DÉS DE LÉGUMES

Concombres, poivrons, oignons rouges, tomates cerise… ou même fenouil cru coupé en lamelles.

ŒUFS DURS

Coupés en quartiers ou émiettés sur la soupe.

CHIPS DE BACON

De fines tranches de bacon grillées à la poêle (sans matières grasses !) ou séchées au four.

JAMBON CRU

Coupé en petits morceaux. Et puis, du Serrano, tant qu'on y est, pour l'authenticité !

POULET GRILLÉ

Une escalope coupée en petits morceaux puis grillée à la poêle.

CREVETTES

Nature ou marinées dans un peu d'huile, du jus de citron et du piment.

CRABE

En miettes…

FROMAGE DE CHÈVRE OU DE BREBIS

À émietter ou à couper en petits dés.

OLIVES

En tapenade ou en petits morceaux…

À GRIGNOTER AVEC LE GASPACHO

Sans que cela vous prenne beaucoup de temps, ces quelques « tartines » accompagneront parfaitement les gaspachos et en feront un repas complet. Une priorité absolue : du très bon pain !

PAN CON TOMATE

POUR 4 PERSONNES

4 belles tranches de pain, légèrement grillées, 1 ou 2 gousses d'ail, 4 tomates bien mûres, huile d'olive, sel

Éplucher la gousse d'ail et la frotter sur chaque tranche de pain. Couper les tomates en deux et les frotter aussi sur le pain pour écraser la chair. Verser un peu d'huile d'olive, saler et déguster !
Vous pouvez aussi mixer grossièrement la chair des tomates avec l'ail et l'huile d'olive, puis en tartiner le pain.

TARTINE AUX ŒUFS BROUILLÉS

POUR 4 PERSONNES

½ baguette aux graines, 8 œufs, 200 ml de crème fleurette, sel, noix de muscade râpée, ciboulette

Couper la baguette en quatre tartines. Battre les œufs en omelette avec la crème, le sel et un peu de noix de muscade. Faire cuire dans une poêle antiadhésive pendant quelques minutes, en remuant constamment à l'aide d'un fouet en silicone. Ne pas laisser le mélange cuire sur les bords. Lorsque les œufs sont cuits selon vos goûts, les répartir sur les tartines et soupoudrer de ciboulette ciselée.

ÉCRASÉ DE SARDINES

POUR 4 PERSONNES

4 tranches de pain de campagne, 2 boîtes de sardines à l'huile d'olive, 20 g de beurre ramolli, le jus de 1 citron ou piment d'Espelette (facultatif)

Égoutter les sardines. À l'aide d'une fourchette, bien les écraser avec le beurre.
Ajouter du jus de citron ou du piment d'Espelette, si désiré. Bien mélanger, puis en tartiner généreusement le pain.

POUR 6 PERSONNES - PRÉPARATION 35 MINUTES - RÉFRIGÉRATION 2 HEURES

GASPACHO ANDALOU

8/10 20.7.14 Put in ice cubes. Ready to eat in ½ hour.

600 g de tomates
1 concombre
1 oignon doux
1 poivron vert
2 gousses d'ail
6 tranches de pain de campagne
4 cuillères à soupe de vinaigre de vin
4 cuillères à soupe d'huile d'olive
1 cuillère à soupe de concentré de tomates
750 ml d'eau
Sel, poivre

1. Laver tous les légumes. Réserver un quart du concombre, un quart de l'oignon, un quart du poivron et deux tranches de pain.
2. Couper les tomates en morceaux. Peler et hacher grossièrement le concombre et l'oignon. Épépiner le poivron restant et le couper en lamelles. Peler les gousses d'ail, ôter leurs germes et les écraser grossièrement. Couper la croûte du pain et réduire la mie en morceaux.
3. Verser tous les ingrédients dans le bol d'un robot et les mixer en ajoutant progressivement le vinaigre, l'huile et le concentré de tomates. Ajouter l'eau jusqu'à obtenir la bonne consistance. Assaisonner et placer au réfrigérateur pendant 2 heures.
4. Couper les légumes restants en petits dés, puis faire griller les tranches de pain restantes et les couper en petits croûtons. Servir le tout en accompagnement du gaspacho bien frais.

POUR 10 PERSONNES - PRÉPARATION 30 MINUTES - RÉFRIGÉRATION 1 HEURE

GASPACHO À MA FAÇON

1 concombre

1 poivron vert ou jaune

1,3 kg de tomates fraîches
ou de tomates pelées en conserve

4 beaux oignons nouveaux

2 gousses d'ail

½ cuillère à café de sucre en poudre

3 cuillères à soupe de vinaigre
balsamique

3 cuillères à soupe d'huile d'olive

200 ml d'eau

Tabasco

Sel, poivre

1. Laver tous les légumes.
2. Éplucher les oignons et les gousses d'ail, puis les émincer. Épépiner le poivron et le couper en fines lamelles. Ne pas éplucher le concombre ou alors, si la peau est épaisse, éplucher une longueur sur deux car la couleur verte de la peau est importante. Le couper en petits dés. Ôter les cœurs des tomates et les couper en morceaux.
3. Mettre tous les légumes dans le bol d'un robot. Assaisonner et ajouter le sucre, l'huile et le vinaigre. Mixer grossièrement en ajoutant l'eau pour obtenir une consistance un peu plus liquide. Rectifier l'assaisonnement en ajoutant éventuellement un peu plus de vinaigre ou de Tabasco, selon les goûts.
4. Placer au réfrigérateur pendant 1 heure minimum avant de servir.

ASTUCE

Mon gaspacho n'est pas très orthodoxe car je n'y mets pas de pain même si les croûtons sont les bienvenus pour la présentation. De plus, j'y ajoute des ingrédients italiens et américains. Et, surtout, j'aime ne pas le mixer complètement pour que sa consistance soit un peu plus « solide » et pour le léger croquant des petits bouts de concombre ou de poivron !

MADE IN U.S.A.
BRAND

LE CLASSIQUE DÉCLINÉ

Le gaspacho est une soupe de légumes crus, à base de tous ceux que l'on trouve à foison l'été en Andalousie : tomate, bien sûr, concombre, poivron, oignon, ail. Cependant, vous pouvez prendre quelques libertés...

SANS AIL MAIS TOUT AUSSI RELEVÉ

Si vous n'aimez pas l'ail, vous pouvez tout à fait ne pas en mettre. Dans ce cas, corser légèrement l'assaisonnement avec un peu plus de vinaigre ou un peu de piment.

SANS CONCOMBRE

Si vous ne digérez pas le concombre, vous pouvez aussi ne pas en mettre. Le goût de la tomate sera plus prononcé mais, dans ce cas, réalisez la version avec du pain.

VERSION TRÈS TRÈS EXPRESS

Vous pouvez aussi tricher un peu et améliorer un gaspacho du commerce en ajoutant du concombre et de l'oignon nouveau ou de l'ail.

VARIER LA TEXTURE

Selon que vous souhaitez le servir en vraie soupe froide ou bien en entrée apéritive, vous pouvez le mixer plus ou moins grossièrement et lui donner de l'« épaisseur », ou, au contraire, ajouter un peu plus d'eau et le mixer jusqu'à l'obtention d'une soupe lisse. Vous pouvez alors même vous servir d'une base de jus de tomate.

SPÉCIAL BASILIC

Et pourquoi est-ce qu'on n'y mettrait pas du basilic ? Eh bien, pourquoi pas ! Ou encore de la coriandre fraîche. Compter une dizaine de feuilles pour un gaspacho pour 4. En mixer la moitié avec le reste de la préparation et ciseler le reste sur chaque bol au moment de servir.

POUR 6 PERSONNES - PRÉPARATION 30 MINUTES - RÉFRIGÉRATION 1 HEURE

GASPACHO VERT

2 concombres
2 belles tomates vertes
4 oignons nouveaux
½ poivron vert
2 gousses d'ail
Le jus de 1 citron vert
5 cuillères à soupe d'huile d'olive
2 cuillères à soupe de vinaigre
500 ml d'eau
1 petit bouquet de coriandre
Tabasco vert
Sel

1. Bien laver tous les légumes.
2. Détailler un demi-concombre, une tomate verte et le poivron coupé en petits dés. Laver et équeuter la coriandre. Réserver le tout au réfrigérateur pour les servir en accompagnement de la soupe.
3. Couper le concombre restant, la tomate et les oignons nouveaux en morceaux. Éplucher l'ail, ôter les germes et les écraser.
4. Dans le bol d'un robot, mélanger tous les légumes avec l'huile d'olive, le vinaigre et le jus de citron. Saler et mixer. Verser l'eau au fur et à mesure jusqu'à l'obtention d'une consistance assez fluide. Ajouter quelques gouttes de Tabasco et rectifier l'assaisonnement.
5. Placer au réfrigérateur pendant 1 heure minimum. Parsemer de feuilles de coriandre avant de servir.

POUR 4 PERSONNES - PRÉPARATION 30 MINUTES - RÉFRIGÉRATION 1 HEURE

GASPACHO BLANC AUX RAISINS

300 g de raisin blanc

200 g d'amandes émondées

2 gousses d'ail

4 tranches de pain de mie

100 ml de vin blanc pas trop sec, type viognier

500 ml d'eau

3 cuillères à soupe d'huile d'olive

Sel , poivre

1. Laver et épépiner les grains de raisin. En réserver la moitié au réfrigérateur. Si la peau est trop épaisse, peler les grains de raisin : tremper la grappe dans une casserole d'eau bouillante pendant 30 secondes : les grains s'éplucheront facilement, mais cela reste un peu fastidieux !
2. Éplucher l'ail, ôter les germes et les écraser grossièrement. Couper la croûte du pain, émietter la mie dans le bol d'un robot et l'humidifier avec un peu d'eau. Ajouter les amandes, l'ail, les grains de raisin, le vin blanc et l'huile d'olive. Assaisonner.
3. Mixer finement en ajoutant l'eau petit à petit jusqu'à obtenir la bonne consistance. Rectifier l'assaisonnement. Ajouter éventuellement une cuillère à café de vinaigre pour plus d'acidité puis placer au réfrigérateur pendant 1 heure minimum.
4. Ajouter les grains de raisin restants au moment de servir.

POUR 4 PERSONNES - PRÉPARATION 20 MINUTES - RÉFRIGÉRATION 1 HEURE

GASPACHO D'AMANDES AU MELON

1 melon
200 g d'amandes émondées
200 g de mie de pain
1 gousse d'ail
2 cuillères à soupe d'huile d'olive
1 cuillère à soupe de vinaigre de xérès ou balsamique
600 ml d'eau
Sel, poivre

1. Peler la gousse d'ail, ôter le germe et l'écraser.
2. Dans le bol d'un robot, mixer les amandes avec l'ail et la mie de pain. Incorporer progressivement l'eau en continuant de mixer, puis ajouter l'huile d'olive et le vinaigre. Assaisonner selon les goûts en sachant que le melon apporte de la douceur.
3. Placer au réfrigérateur pendant 1 heure minimum.
4. Couper le melon en deux et l'épépiner. À l'aide d'une cuillère parisienne, prélever des billes de melon et les réserver au réfrigérateur. Avant de servir, répartir le gaspacho dans des petits bols et ajouter les billes du melon.
Déguster très frais.

POUR 6 PERSONNES - PRÉPARATION 20 MINUTES - RÉFRIGÉRATION 1 HEURE

GASPACHO À LA GRECQUE

1 l de jus de tomate nature
1 concombre
1 poivron rouge
1 poivron vert
1 poivron jaune
2 gousses d'ail
200 g d'olives noires dénoyautées
100 g de feta
2 cuillères à soupe d'huile d'olive
1 cuillère à soupe de vinaigre de vin
Sel, poivre

1. Laver tous les légumes et les couper en morceaux.
2. Éplucher l'ail, ôter les germes. Hacher grossièrement un tiers des olives. Réserver le reste pour la présentation.
3. Dans le bol d'un robot, mélanger le jus de tomate et tous les légumes. Ajouter l'huile d'olive, le vinaigre, le sel et le poivre. Mixer grossièrement : les couleurs des différents ingrédients doivent rester visibles pour donner une touche très gaie à la soupe.
4. Rectifier l'assaisonnement et placer au réfrigérateur pendant 1 heure minimum. Émietter la feta et en parsemer le gaspacho avant de servir.

POUR 4 PERSONNES - PRÉPARATION 20 MINUTES - RÉFRIGÉRATION 1 HEURE

BLOODY MARY FAÇON GASPACHO

800 g de tomates bien mûres

2 belles branches de céleri

1 citron vert bio

1 cuillère à soupe d'huile d'olive

100 ml de vodka

Tabasco

1 cuillère à soupe de sauce Worcestershire

Sel, poivre

1. Laver, éplucher et couper le céleri en tout petits morceaux. Garder les feuilles pour décorer les assiettes.
2. Laver et couper les tomates en morceaux. Bien laver le citron et prélever quelques zestes.
3. Mixer les tomates et le céleri avec l'huile d'olive et le jus du citron. Assaisonner. La consistance doit être un peu épaisse. Ajouter la vodka, le Tabasco et la sauce Worcestershire selon votre goût.
4. Placer au réfrigérateur pendant 1 heure minimum.

Parsemer de zestes de citron et ajouter les feuilles de céleri avant de servir

POUR 4 PERSONNES - PRÉPARATION 20 MINUTES - RÉFRIGÉRATION 1 HEURE

GASPACHO AUX AGRUMES

4 belles tomates bien mûres
1 concombre
½ poivron vert
Le jus de 1 orange
Le jus de 1 pamplemousse
Le jus de 1 citron vert
2 gousses d'ail
2 cuillères à soupe d'huile d'olive
1 petit bouquet de coriandre
Sel, poivre

1. Laver soigneusement tous les légumes et les couper en petits morceaux. Peler, ôter les germes des gousses d'ail et les écraser grossièrement.
2. Dans le bol d'un robot, mixer tous les ingrédients avec le jus des trois agrumes et l'huile d'olive. Assaisonner.
3. Placer au réfrigérateur pendant 1 heure minimum. Parsemer de feuilles de coriandre avant de servir.

POUR 4 PERSONNES - PRÉPARATION 20 MINUTES - RÉFRIGÉRATION 1 HEURE

GASPACHO DE PASTÈQUE

¼ de pastèque bien mûre

1 concombre

1 poivron rouge

1 oignon rouge

2 gousses d'ail

3 cuillères à soupe de vinaigre balsamique

200 ml de jus d'orange

Sel, poivre

1. Couper une fine tranche de pastèque, ¼ du concombre et ¼ du poivron. Les couper en petits dés et les réserver au réfrigérateur pour les servir en accompagnement.
2. Épépiner la pastèque et découper la chair en morceaux. Laver le concombre et le poivron. Équeuter et épépiner le poivron, puis éplucher le concombre. Les couper en morceaux. Éplucher l'oignon et l'ail en ôtant le germe. Les émincer.
3. Dans le bol d'un robot, mélanger tous les ingrédients avec le jus d'orange et le vinaigre balsamique. Mixer finement. Ajouter éventuellement un peu d'eau pour obtenir une consistance plus liquide. Assaisonner. Relever éventuellement avec quelques gouttes de Tabasco.
4. Placer au réfrigérateur pendant 1 heure minimum.

POUR 6 PERSONNES - PRÉPARATION 30 MINUTES - RÉFRIGÉRATION 30 MINUTES

GASPACHO À LA MANGUE

2 mangues
6 tomates
1 concombre
1 petit piment doux ou du Tabasco
Le jus et le zeste de 1 citron vert non traité
1 cuillère à café de sucre en poudre
1 cuillère à soupe de sauce soja
1 petit bouquet de coriandre
Sel

1. Réserver une moitié de mangue et couper la chair en petits dés pour la présentation.
2. Laver et couper les tomates en morceaux. Éplucher et couper le concombre. Prélever la chair des mangues restantes et les zestes du citron puis en presser le jus.
3. Dans le bol d'un robot, mélanger tous les ingrédients avec le sucre et la sauce soja. Mixer et assaisonner.
4. Placer au réfrigérateur pendant 30 minutes minimum.
5. Avant de servir, laver la coriandre et en prélever les feuilles puis décorer chaque assiette avec des dés de mangue et des feuilles de coriandre.

POUR 4 PERSONNES - PRÉPARATION 15 MINUTES - RÉFRIGÉRATION 2 HEURES

8/10

GASPACHO DE COURGETTES
À LA MENTHE

5 belles courgettes
2 oignons nouveaux
1 gousse d'ail
Le jus de 1 citron
100 ml d'huile d'olive
250 ml d'eau
4 beaux brins de menthe
Sel, poivre

1. Bien laver les courgettes, en couper les extrémités puis les couper en petits morceaux ou les râper à l'aide d'une râpe à grosse grille. Éplucher les oignons nouveaux et l'ail en ôtant le germe, puis les émincer.
2. Dans le bol d'un robot, faire mariner les courgettes avec l'huile, le jus de citron, l'ail et les oignons. Les placer au réfrigérateur pendant 1 heure minimum.
3. Mixer grossièrement la préparation en ajoutant l'eau et 3 ou 4 feuilles de menthe. Assaisonner et bien mélanger.
4. À l'aide de ciseaux, couper la menthe restante et en parsemer la préparation, puis placer au réfrigérateur pendant 1 heure minimum.

Serve at once. Does not keep.
Only make as much as you need.

POUR 4 PERSONNES - PRÉPARATION 15 MINUTES - RÉFRIGÉRATION 1 HEURE 9/10 24.6.14

BETTERAVE ET ORANGE

3 betteraves rouges moyennes, cuites

1 échalote

Le jus de 3 oranges
ou 400 ml de jus d'orange

Le zeste de 1 orange

1 cuillère à café de sucre en poudre

1 cuillère à café de vinaigre balsamique

Crème fraîche

Sel

1. Peler les betteraves et les couper grossièrement. Éplucher et émincer l'échalote.
2. Dans le bol d'un robot, mixer les ingrédients avec le jus d'orange, le sucre en poudre et le vinaigre. Ajouter un peu d'eau jusqu'à l'obtention d'une consistance idéale. Saler.
3. Ajouter le zeste de l'orange avant de placer le gaspacho au réfrigérateur pendant 1 heure. Garnir d'une cuillère de crème fraîche au moment de servir.

POUR 6 PERSONNES - PRÉPARATION 20 MINUTES - RÉFRIGÉRATION 1 HEURE

CAROTTES, TOMATES ET CÉLERI

800 g de carottes nouvelles
500 g de tomates
3 branches de céleri
Tabasco
Sel, poivre

1. Laver tous les légumes. Éplucher les carottes et ôter les fils du céleri.
2. Passer tous les légumes dans une centrifugeuse avec un grand verre d'eau. Assaisonner et ajouter du tabasco à votre goût.
3. Placer au réfrigérateur pendant 1 heure minimum.
Servir bien frais en apéritif vitaminé.

POUR 4 PERSONNES - PRÉPARATION 5 MINUTES - RÉFRIGÉRATION 30 MINUTES

TOMATE-SARDINE

500 ml de coulis de tomates
1 boîte de sardines à l'huile
250 ml d'eau
Le jus de 1 citron
Sel, poivre
Piment d'Espelette en poudre

1. Dans le bol d'un robot, mixer les sardines avec le coulis de tomates. Ajouter l'eau au fur et à mesure, puis le jus de citron. Assaisonner et ajouter quelques pincées de piment d'Espelette.
2. Placer au réfrigérateur pendant 30 minutes minimum avant de servir.

POUR 4 PERSONNES - PRÉPARATION 15 MINUTES - RÉFRIGÉRATION 1 HEURE

SOUPE GLACÉE DE CONCOMBRES
À LA MENTHE

1 concombre
2 tomates
1 branche de céleri
1 gousse d'ail
3 ou 4 brins de menthe
250 ml de lait

1. Laver tous les légumes.
2. Ne pas éplucher le concombre ou enlever une épluchure sur deux si la peau est très épaisse puis le couper en petits morceaux. Ôter le pédoncule des tomates et les couper en morceaux. Retirer les fils du céleri et l'émincer. Laver les brins de menthe et les effeuiller. Éplucher l'ail, ôter le germe et le presser dans un saladier.
3. Dans le bol d'un robot, mixer tous les légumes avec le lait. Assaisonner. Ajouter un peu d'eau, si nécessaire.
4. Placer au réfrigérateur pendant 1 heure puis servir glacé.

POUR 6 PERSONNES - PRÉPARATION 15 MINUTES - CUISSON 15 MINUTES - RÉFRIGÉRATION 3 HEURES

SOUPE FROIDE DE COURGETTES
AU GINGEMBRE ET AU CITRON CONFIT

1 kg de courgettes
2 oignons
1 beau morceau de gingembre frais
(gros comme 3 doigts !)
1 citron confit dans la saumure
1 cuillère à soupe d'huile d'olive
Sel, poivre

1. Laver les courgettes, couper les extrémités puis les couper en morceaux. Éplucher et émincer les oignons et le gingembre puis les faire revenir à feu doux avec un filet d'huile d'olive pendant 5 minutes environ. Ajouter les courgettes et couvrir à peine d'eau. Assaisonner. Porter à ébullition puis réduire et laisser frémir pendant 10 minutes environ jusqu'à ce que les courgettes soient bien tendres.
2. Hors du feu, mixer finement la préparation et rectifier l'assaisonnement.
3. Détailler le citron confit en zestes fins et les ajouter à la soupe.
4. Laisser tiédir puis placer au réfrigérateur pendant 3 heures minimum.

POUR 4 PERSONNES - PRÉPARATION 40 MINUTES - CUISSON 5 MINUTES - RÉFRIGÉRATION 3 HEURES

SOUPE GLACÉE DE ROQUETTE

300 g de roquette

4 oignons nouveaux

200 ml de crème fleurette

750 ml de bouillon de volaille, bio de préférence

1 cuillère à soupe d'huile d'olive

Sel, poivre

1. Laver et essorer la roquette. En réserver une petite poignée et en couper soigneusement les queues. Éplucher les oignons nouveaux en gardant 2 à 3 cm de leur vert puis les hacher grossièrement.
2. Dans une casserole, les faire revenir dans un peu d'huile d'olive pendant 2 minutes puis ajouter la roquette. Verser la moitié du bouillon et mélanger.
3. Porter à ébullition et retirer du feu, puis mixer finement. Ajouter le bouillon restant et la crème. Bien mixer.
4. Laisser refroidir à température ambiante pendant 1 heure puis placer au réfrigérateur pendant 2 heures minimum.
5. Avant de servir, donner un tour de mixeur ou mélanger à l'aide d'un fouet pour que la soupe soit homogène. Servir dans des récipients transparents et parsemer de roquette restante.

POUR 6 PERSONNES - PRÉPARATION 15 MINUTES - CUISSON 25 MINUTES - RÉFRIGÉRATION 3 HEURES

SOUPE FROIDE D'ÉPINARDS À L'AVOCAT

500 g d'épinards, frais ou surgelés

2 oignons

2 avocats

Le jus de 1 citron vert

1 l d'eau

2 yaourts brassés

1 cuillère à café d'huile d'olive

Noix de muscade

2 cuillères à café de sauce Worcestershire ou de sauce de soja

Sel, poivre

1. Bien nettoyer les feuilles d'épinards, s'ils sont frais.
2. Éplucher et émincer les oignons puis les faire revenir quelques minutes dans l'huile d'olive à feu très doux jusqu'à ce qu'ils deviennent translucides. Ajouter les épinards et laisser réduire quelques minutes avant d'ajouter l'eau. Assaisonner puis couvrir. Laisser mijoter pendant 20 minutes à feu doux.
3. Hors du feu, mixer finement puis placer au réfrigérateur jusqu'à ce qu'elle refroidisse complètement.
4. Éplucher les avocats, couper la chair en morceaux et les arroser avec le jus du citron vert pour ne pas qu'ils noircissent.
5. Lorsque la préparation aux épinards est froide, ajouter les morceaux d'avocat et les yaourts puis mixer de nouveau. Rectifier l'assaisonnement et relever avec un peu de sauce Worcestershire.
6. Placer au réfrigérateur pendant 1 heure.

POUR 6 PERSONNES - PRÉPARATION 20 MINUTES - CUISSON 40 MINUTES - RÉFRIGÉRATION 3 HEURES

VICHYSSOISE

450 g de poireaux
1 oignon
500 g de pommes de terre à soupe
350 ml d'eau
200 ml de lait
150 ml de crème fleurette
Huile d'olive
1 petit bouquet de ciboulette
Sel, poivre

1. Enlever le vert des poireaux et couper les blancs en morceaux, puis les laver abondamment. Éplucher les pommes de terre et les couper en morceaux, puis éplucher et émincer l'oignon.
2. Dans une casserole, faire revenir l'oignon avec un peu d'huile d'olive pendant 5 minutes à couvert puis ajouter les poireaux. Mélanger et les faire revenir pendant encore 5 minutes à couvert. Ajouter les pommes de terre et l'eau. Saler. Couvrir et faire cuire à feu doux pendant 25 minutes jusqu'à ce que les légumes soient cuits. Écumer, si nécessaire. Ajouter le lait et poursuivre la cuisson pendant 5 minutes.
3. Hors du feu, mixer longuement jusqu'à obtenir une soupe très onctueuse.
4. Laisser refroidir pendant 1 heure à température ambiante, puis placer au réfrigérateur pendant 2 heures minimum.
5. Juste avant de servir, ajouter la crème fleurette et bien mélanger. Rincer les brins de ciboulette, les couper et en parsemer la soupe.

POUR 3 PERSONNES - PRÉPARATION 10 MINUTES - CUISSON 10 MINUTES - RÉFRIGÉRATION 1 HEURE 30

SOUPE FROIDE DE MAÏS
AU POIVRON ROUGE

400 g de maïs doux
1 oignon
1 branche de céleri
1 poivron rouge
250 ml d'eau
250 ml de lait
1 cuillère à soupe d'huile d'olive
Sel, poivre
1 cuillère à café de thym

1. Éplucher et émincer tous les légumes.
2. Dans une casserole, faire revenir l'oignon, le poivron épépiné et le thym avec l'huile pendant 5 minutes environ, puis ajouter le céleri. Bien mélanger et poursuivre la cuisson pendant 5 minutes.
3. Lorsque tous les légumes commencent à être dorés, retirer du feu et ajouter le maïs. Verser l'eau et le lait, puis saler.
4. Mixer finement jusqu'à l'obtention d'une soupe très onctueuse. Rectifier l'assaisonnement.
5. Placer au réfrigérateur pendant 1 heure 30.

POUR 4 PERSONNES - PRÉPARATION 5 MINUTES - CUISSON 30 MINUTES - RÉFRIGÉRATION 2 HEURES

SOUPE FROIDE DE PETITS POIS À LA MENTHE

500 g de petits pois, frais ou surgelés

1 cœur de laitue ou 5 à 6 feuilles

3 oignons nouveaux ou 1 gros oignon blanc

2 feuilles de menthe

500 ml d'eau

100 ml de crème fleurette

Sel

1. Éplucher et émincer les oignons, puis laver et hacher grossièrement le cœur de laitue.
2. Dans une casserole, porter l'eau à ébullition avec les oignons, les petits pois et la laitue. Saler. Réduire le feu et laisser frémir pendant 25 minutes.
3. Hors du feu, ajouter les feuilles de menthe puis mixer. Rectifier l'assaisonnement.
4. Laisser tiédir puis placer au réfrigérateur pendant 2 heures.

Avant de servir, ajouter la crème fleurette et mélanger.

POUR 6 PERSONNES - PRÉPARATION 15 MINUTES - CUISSON 35 MINUTES - RÉFRIGÉRATION 4 HEURES

SOUPE FROIDE DE CAROTTES
AU LAIT DE COCO

1 kg de carottes

2 oignons nouveaux

1 l d'eau

½ cuillère à café de coriandre en poudre

½ cuillère à café de cumin en poudre

½ cuillère à café de cannelle en poudre

1 petite boîte de lait de coco

Sel, poivre

1. Éplucher et couper les carottes en rondelles.
2. Dans une casserole d'eau salée, les porter à ébullition avec toutes les épices puis laisser chauffer pendant 30 minutes environ à feu doux jusqu'à ce que les carottes soient tendres. Réserver.
3. Éplucher et couper les oignons en morceaux. Les ajouter à la préparation précédente avec le lait de coco et mixer le tout. Rectifier l'assaisonnement et laisser refroidir pendant 1 heure, puis placer au réfrigérateur pendant 3 heures minimum. Servir frais.

POUR 4 PERSONNES - PRÉPARATION 20 MINUTES - CUISSON 40 MINUTES - RÉFRIGÉRATION 4 HEURES

CAROTTES, ANANAS ET GINGEMBRE

500 g de carottes

1 gros oignon

2 cuillères à café de gingembre frais

1 l d'eau

½ ananas frais ou 1 petite boîte d'ananas en tranches, égouttées

200 ml de jus d'ananas

1 cuillère à café d'huile d'olive

Sel, poivre

1. Éplucher tous les légumes et l'ananas.
2. Couper les carottes en rondelles, émincer l'oignon et le gingembre, puis couper l'ananas en morceaux.
3. Dans une casserole, faire revenir l'oignon et le gingembre avec un peu d'huile en remuant de temps en temps. Ajouter les carottes et verser l'eau. Saler. Porter à ébullition, puis réduire le feu et laisser cuire pendant 30 minutes environ jusqu'à ce que les carottes soient bien tendres.
4. Hors du feu, ajouter les morceaux et le jus d'ananas, puis mixer finement en ajoutant un peu d'eau, si nécessaire. Rectifier l'assaisonnement.
5. Laisser refroidir pendant 1 heure à température ambiante puis placer au réfrigérateur pendant 3 heures minimum.

VARIANTE

Pour une version sucrée, ne pas mettre d'oignon ni de poivre, une pincée de sel suffira pour la cuisson.
Au moment de mixer, ajouter 2 cuillères à soupe de sucre en poudre.

POUR 4 PERSONNES - PRÉPARATION 15 MINUTES - RÉFRIGÉRATION 1 HEURE

SOUPE FROIDE DE PASTÈQUE
AU GINGEMBRE ET CITRON VERT

¼ de pastèque

½ concombre

1 petit morceau de gingembre de la taille d'un pouce

Le zeste et le jus de 1 citron vert non traité

2 cuillères à soupe de sucre en poudre

1. Épépiner et couper la chair de la pastèque en morceaux. Éplucher et émincer le gingembre. Éplucher et couper le concombre en morceaux. Bien laver le citron vert pour en prélever les zestes et réserver.
2. Dans le bol d'un robot, mélanger tous les ingrédients avec le jus de citron et le sucre, puis mixer finement.
3. Placer au réfrigérateur pendant 1 heure minimum.
Parsemer de zestes de citron avant de servir.

POUR 4 OU 5 PERSONNES - PRÉPARATION 10 MINUTES - RÉFRIGÉRATION 1 HEURE

SOUPE DE NECTARINES ET FRAMBOISES
AU BASILIC

6 nectarines très mûres
Le jus de 1 citron
300 g de framboises
2 brins de basilic
sucre en poudre (facultatif)

1. Nettoyer les nectarines, les couper en petits morceaux et les arroser de jus de citron. Rincer les framboises et en réserver un tiers pour la présentation.
2. Mixer les fruits avec un peu d'eau glacée pour obtenir une soupe, puis ajouter un peu de sucre en poudre, si nécessaire.
3. Placer au réfrigérateur pendant 1 heure minimum.
Décorer avec les framboises restantes et les feuilles de basilic ciselées au moment de servir.

VARIANTE
Remplacer les nectarines par des pêches très mûres et les éplucher.

POUR 4 PERSONNES - PRÉPARATION 15 MINUTES - MACÉRATION 4 HEURES - RÉFRIGÉRATION 1 HEURE

SOUPE DE FRAISES
AU VINAIGRE BALSAMIQUE

800 g de fraises bien parfumées, type Maras des bois ou Gariguette

200 g de sucre en poudre

1 yaourt brassé

6 cuillères à soupe de vinaigre balsamique

Le jus et les zestes de ½ orange non traitée

½ citron non traité

1. Laver les fraises, les égoutter puis les équeuter.
2. Réserver 10 fraises environ pour la garniture. Les couper en deux et les faire macérer dans 2 cuillères à soupe de vinaigre, 2 cuillères à soupe d'eau et 100 g de sucre. Laisser reposer au frais.
3. Dans le bol d'un robot, couper les fraises restantes, ajouter le sucre et le vinaigre restant et le yaourt. Mixer le tout. Si les fraises ne sont pas trop mûres, ajouter un peu plus de sucre ou, au contraire, si elles sont très mûres, verser le jus de ½ orange.
4. Placer au réfrigérateur pendant 1 heure.
5. Avant de servir, prélever les zestes de l'orange et du citron. Répartir la soupe dans les bols de service puis ajouter quelques fraises macérées, un peu du sirop de macération et les zestes d'agrumes.

REMERCIEMENTS

Merci à Fritz, toujours là pour m'aider.
Merci aux filles de Marabout, Pauline, Nohémie, Fanny, Rose-Marie et les autres. Merci à Emmanuel bien sûr !
Et un grand merci à Elodie et Charlotte pour leur très beau travail.

SHOPPING

ABC www.atelierbelartcreation.com
Rina Menardi www.rinamenardi.com
Mud Australia www.mudaustralia.com
Magimix www.magimix.com
Owen Wall www.owenwall.co.uk

Préparation de copie : Nohémie Szydlo
Correction : Véronique Dussidour

Dépôt légal : mai 2011
ISBN : 978-2-501-07312-7
4076691
Imprimé en Espagne par Graphicas Estella

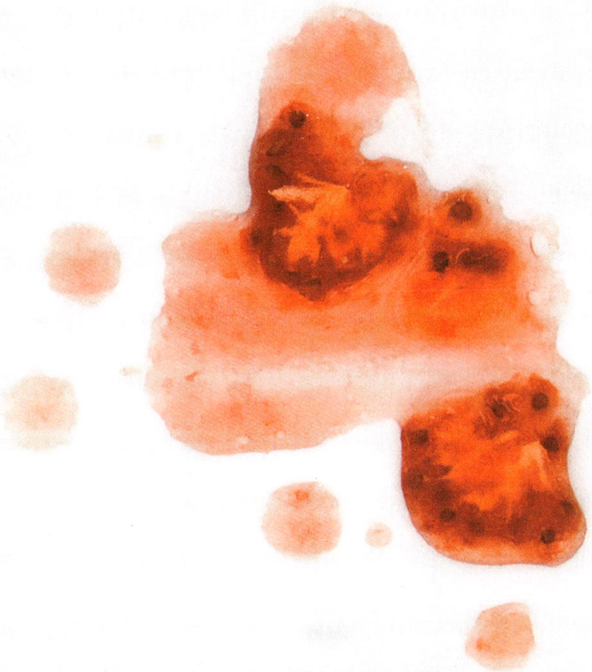